纪念孙中山先生创办中山大学90周年校庆丛书

# 中山手创 巍巍上庠

易汉文 崔秦睿 闫红丽 ◎ 编著

 中山大学出版社
SUN YAT-SEN UNIVERSITY PRESS

·广州·

版权所有　翻印必究

## 图书在版编目（CIP）数据

中山手创　巍巍上庠/易汉文，崔秦睿，闫红丽编著.—广州：中山大学出版社，2015.11

ISBN 978-7-306-05432-6

Ⅰ.①中…　Ⅱ.①易…②崔…③闫…　Ⅲ.①中山大学—校史　Ⅳ.①G649.286.51

中国版本图书馆 CIP 数据核字（2015）第209211号

出 版 人：徐  劲
策  划：周建华
责任编辑：曾育林
封面设计：曾  斌
责任校对：钟永源
责任技编：何雅涛
出版发行：中山大学出版社
电  话：编辑部 020 - 84111996，84113349，84111997，84110779
     发行部 020 - 84111998，84111981，84111160
地  址：广州市新港西路135号
邮  编：510275　传　真：020 - 84036565
网  址：http：//www.zsup.com.cn　E-mail：zdcbs@mail.sysu.edu.cn
印 刷 者：广州家联印刷有限公司
规  格：787mm×1092mm　1/16　8.5印张　150千字
版次印次：2015年11月第1版　2015年11月第1次印刷
定  价：50.00元

如发现本书因印装质量影响阅读，请与出版社发行部联系调换

# 纪念孙中山创办中山大学90周年校庆丛书编委会

**总策划：** 李　萍　　陈春声　　黎孟枫
**主　任：** 梁庆寅
**成　员：** 李　萍　　李宝健　　陈汝筑　　梁庆寅
　　　　　黄天骥　　邱　捷　　程焕文　　丘国新

中山大学创办人孙中山先生

身穿大元帅服的孙中山先生,关于国立广东大学的命令、指令、训令,孙先生都是以中华民国陆海军大元帅的名义颁布

大元帅府鸟瞰图

孙中山先生关于国立广东大学的命令、指令、训令在此颁布

大元帅府门楼

1924年春,孙中山先生在大元帅府

# 前　言

中山大学原名国立广东大学，是中国唯一一所由伟大的民主主义革命先行者孙中山先生亲手创办并以其英名命名的著名高等学府。

中山大学自创办以来，形成了丰富的档案文献。如何让这些藏于深闺的档案文献更好地为学校各项工作服务，为社会服务，起资政辅政、存史、教育和传承知识、丰富社会文化生活等作用？近十多年来我们尝试编撰档案文献这种方式，出版、印行了近三十种档案文献资料，收到比较好的效果，各方面的反响也不错，有五项成果获省部级奖励，档案馆2003年被国家档案局、中央档案馆授予"全国档案工作优秀集体"荣誉称号。

许多事情往往这样，当我们拥有它时，没有很好地珍惜、保护它，一旦失去，才觉得它的珍贵。悔之晚矣。

编撰档案文献资料，不仅能保护档案原件，延长档案寿命，而且还方便利用；既普及了学校的历史知识，宣传了学校，又丰富了大家的文化精神生活。为更好地保存学校历史、保存学校的记忆、传承学校长期积淀的优良传统、革命精神与校风学风。我们编撰了这部《中山手创　巍巍上庠》，以表达我们对母校的挚爱、崇敬与感激之情。另一方面，能为学校、为后人留下一点可查找、借鉴的资料，是一个档案人的责任和担当，也是我们对学校、对历史、对自己的一个交代。

衷心祝福母校明天更美好。

# 总　序

李　萍

今年是孙中山先生创办中山大学90周年。90年来,中大人秉承中山先生"天下为公"的精神,在人才培养、科学研究、服务社会、文明传承与创新上砥砺前行,形成了中山大学的优良办学传统,为实现建设世界一流大学的战略目标奠定了坚实基础。

为纪念和庆祝建校90年,学校以"学术与校友"为主题开展了一系列活动,建立了学校的顾问董事会,举办了全球中大校友会会长论坛等等,出版"纪念孙中山先生创办中山大学90周年校庆丛书"就是这次校庆活动中的一个重要部分。这套丛书包括《孙中山研究丛录》、《孙中山社会建设思想研究(修订版)》、《孙中山与近代中国的觉醒(增订本)》、《中山手创　巍巍上庠》、《声振神州:孙中山在中山大学及前身院校的演讲》、《辛亥革命与新中国》、《中山大学与现代中国学术》、《中大童缘》、《岭南记忆》、《思华年——中山大学外语人的故事》、《康乐芳草:中山大学校园植物图谱》、《泽惠翰林　德铭千秋:1978—2014年中山大学受赠建筑集萃》、《校园歌曲30年》、《中山大学外语学科90年(1924—2014)》共14部。这14部著作,有的通过深入挖掘史料,对中山先生的思想、精神和伟大贡献作出了新的阐发,进一步深化了孙中山研究;有的打开尘封已久但依然鲜活的记忆,讲述了中大的人、中大的事、中大的草木、中大的建筑,呈现了一个个动人的中大故事;有的把笔触投向中大与现代中国学术的关系,从多个视角阐述了中山大学在现代中国学术形成、发展过程中的地位和重要贡献。为完成这套丛书，各书的作者花费了许多精力和心血，丛书的字里行间饱含着他们热爱中大、心系中大的赤诚之情。我们相信，这套丛书的出版必将在凝聚中大精神、传播中大文化方面起到推动作用。

撰写、出版有关中山大学的历史和当前发展的书籍，校庆自然是合适的契机，但是这项工作当然不止于校庆期间。我们希望"书写中大"成为中大师生、校友的常态，在书写中寄托爱校的情怀，寄望学校的发展，让中大精神发扬光大，让中大文化薪火相传。

是为序。

2014 年 12 月 1 日于康乐园

# 目　　录

## 第一章　频颁帅令 ………………………………………… 1
　　国立广东大学成立训词 …………………………………… 3
　　一九二四年二月四日两道大元帅令 ……………………… 4
　　一九二四年二月二十六日大元帅指令 …………………… 5
　　一九二四年六月六日大元帅指令 ………………………… 6
　　一九二四年六月二十七日大元帅指令 …………………… 7
　　一九二四年八月十三日大元帅训令 ……………………… 8
　　一九二五年二月四日大元帅指令 ………………………… 9
　　《孙中山与中山大学》（孙中山先生关于国立广东
　　　　大学的大元帅令）书影 …………………………… 10

## 第二章　更名继志 ………………………………………… 11
　　一九二六年八月二十一日国民政府秘书处公函 ……… 13
　　一九二六年十一月二十五日中央执行委员会政治会议议决
　　　　中山大学英文校名公函 …………………………… 14
　　一九二七年八月二十日广东省政府公函 ……………… 15
　　一九二七年八月二十四日国民政府秘书处公函 ……… 16
　　一九二八年二月十九日大学院秘书处函 ……………… 17
　　一九二八年二月二十三日大学院指令 ………………… 18
　　一九二八年三月二日国民政府批复函 ………………… 19
　　一九二八年三月八日广东省政府公函 ………………… 20
　　一九二八年三月八日江西省政府公函 ………………… 21

| 国立中山大学董事会 | 22 |

### 第三章　穷流溯源 …… 27

| 国立广东高等师范学校 | 27 |
| 附：中国封建社会科举考试图 | 29 |
| 广东公立法科大学 | 30 |
| 广东农业专门学校 | 31 |
| 广东公医医科大学 | 33 |
| 国立中山大学各学院名称沿革 | 35 |
| 岭南大学 | 44 |
| 中山医科大学 | 46 |
| 全国高等学校院系大调整中的中山大学 | 48 |
| 今日中山大学 | 50 |
| 中山大学沿革图 | 56 |

### 第四章　往事影踪 …… 57

| 在国立广东大学校园 | 58 |
| 在黄埔军校 | 67 |
| 在康乐园 | 69 |
| 在博济医学堂 | 75 |

### 第五章　恒久纪念 …… 79

| 悼念中山先生逝世 | 80 |
| 安放在中山陵中山大学师生敬献的宝鼎 | 81 |
| 孙中山先生铜像 | 83 |
| 孙中山铜像碑文 | 94 |
| 关防 | 96 |
| 校园内矗立的校训 | 98 |
| 中山大学校徽 | 100 |

中山大学校歌 …………………………………………………… 107
国立中山大学及其前身学校毕业文凭 ………………………… 108
国家邮政局发行的纪念邮票 …………………………………… 110
中山大学制作的校庆纪念章 …………………………………… 116

主要参考书目 ……………………………………………… 119

后　　记 …………………………………………………… 120

# 第一章　频颁帅令

孙中山先生是一位伟大的爱国者、民主主义革命家，他首先提出了"振兴中华"的口号。孙中山先生从历次革命斗争的失败教训和列宁所领导的俄国十月革命成功的经验中，深刻感受到：要振兴中华，必须改造社会；要改造社会，必须采取革命手段；要革命，必须培养人才；要培养人才，必须创办学校。孙中山先生重视教育，重视人才培养，他强调"教育为神圣事业，人才为立国大本"，认为："革命的基础在于高深的学问"。

为救国救民，共同反对帝国主义、封建主义，为适应第一次国共合作，建立革命统一战线后革命和建设对人才的需求，孙中山先生于1924年1月24日下令筹办陆军军官学校（即黄埔军校），培养革命的军事人才。2月4日，孙中山先生又以陆海军大元帅的名义，下令"着将国立高等师范、广东法科大学、广东农业专门学校合并，改为国立广东大学"，培养革命的理论和科学文化建设人才。

孙中山先生对这所自己亲手创办的高等学府极为关怀与厚爱。为宣传国民党"一大"制定的方针政策，用革命的理论武装干部和师生，1~8月，孙中山先生十多次到国立广东大学（国立广东高等师范学校）礼堂系统演讲三民主义。6月21日，国立广东大学校长邹鲁就职典礼和原三校应届生毕业典礼举行。孙中山先生派胡汉民出席并宣读他为毕业生题写的训词："学海汪洋，毓仁作圣，大学毕业，此其发轫，植基暨固，建功立名，登峰造极，有志竟成。为社会福，为邦家光，勖哉诸君，努力自强。"11月3日，孙中山先生北上前到黄埔军校作告别演说，他没有忘记国立广东大学的师生，特雇船把国立广东大学的师生接到黄埔，和军校师生一起听他的演说。中山先生一开始就说："诸君今天在这地听讲的，有文学生，又有武学生。"这里说的"文学生"是指国立广东大学的学生，"武学生"是指黄埔军校的学生。11月11日，国立广东大学举行成立典礼，孙中山先生原计划出席大会并作长篇演讲，但因北上（11月13日离穗）无法亲临典礼，委托大本营总参议、广东省省长胡汉民代表他向师生致训词，并亲笔题写校训："博学、审问、慎思、明辨、笃行"。

1925年2月6日，孙中山先生以陆海军大元帅的名义给广东省省长胡汉民及国立广东大学校长邹鲁颁布训令，批准将里昂中法大学海外部定为国立广东大学海外部。无论是在国立广东大学的筹办过程中还是成立以后，孙中山先生都经常过问、检查、督促学校工作，帮助解决实际问题。笔者在有限的文献中查到，从1924年2月4日孙中山下令创办国立广东大学到1925年3月10日这1年零36天的时间里，孙中山先生关于国立广东大学的命令、指令、训令、题词及演讲就有45件之多。从这些文献中我们可以看到，中山先生身为陆海军大元帅，日理万机，不仅没有忘记教育，而且抓得很细很具体，大到学校的大政方针和办学经费，小到校长的薪金和学生体育训练的器材都考虑到了。中山先生总是想方设法、千方百计为学校排忧解难，他是尊师重教的楷模。一位伟人对一所高等学校如此关爱，在古今中外都是绝无仅有的。

下面选载了中山先生为国立广东大学亲笔题写的训词、大元帅令和《孙中山与中山大学》（孙中山先生关于国立广东大学的大元帅令）书影。

# 第一章 频颁帅令

国立广东大学成立训词

国立广东大学成立训词

笃行　明辨　慎思　审问　博学

中华民国十三年十一月

孙文

大元帥令

著將國立高等師範廣東法科大學廣東農業專門學校合併改為國立廣東大學此令

中華民國十三年二月四日

[中華民國陸海軍大元帥之印]

大元帥令

派鄒魯為國立廣東大學籌備主任此令

中華民國十三年二月四日

[中華民國陸海軍大元帥之印]

一九二四年二月四日兩道大元帥令
（刊載於《陸海軍大元帥大本營公報》第四號）

# 第一章　频颁帅令

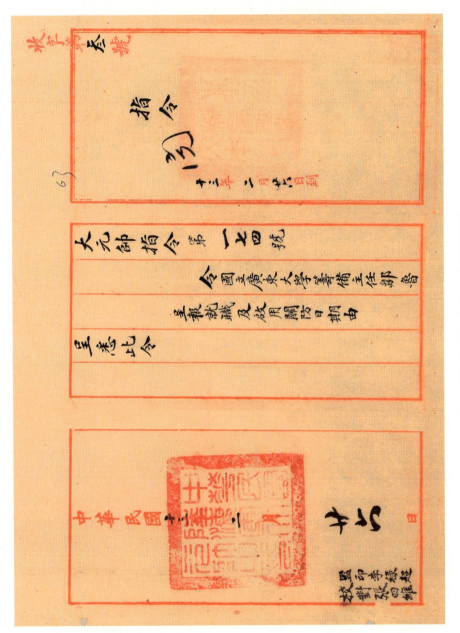

一九二四年二月二十六日大元帅指令

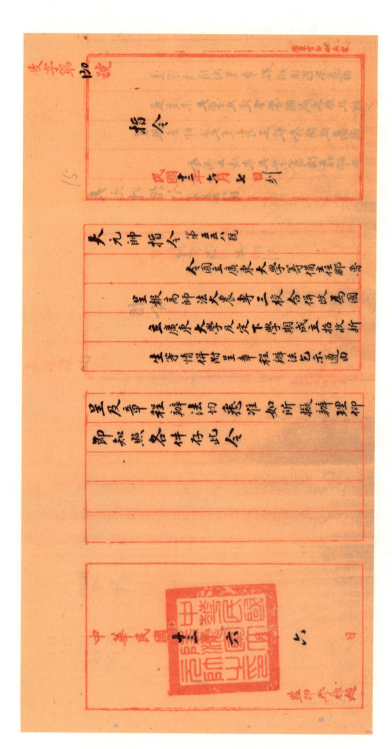

一九二四年六月六日大元帅指令

# 第一章 频颁帅令

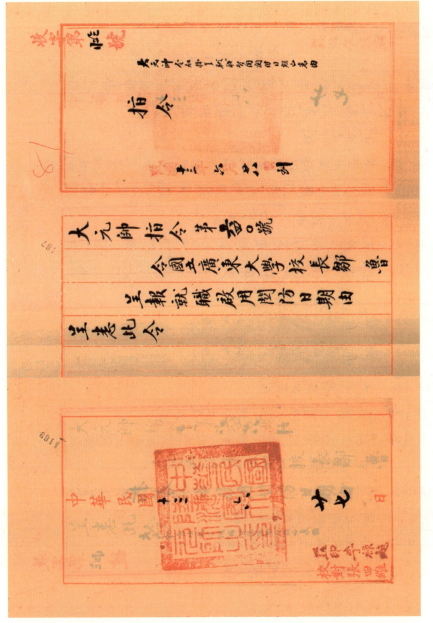

一九二四年六月二十七日大元帅指令

中山手创　巍巍上庠

一九二四年八月十三日大元帅训令

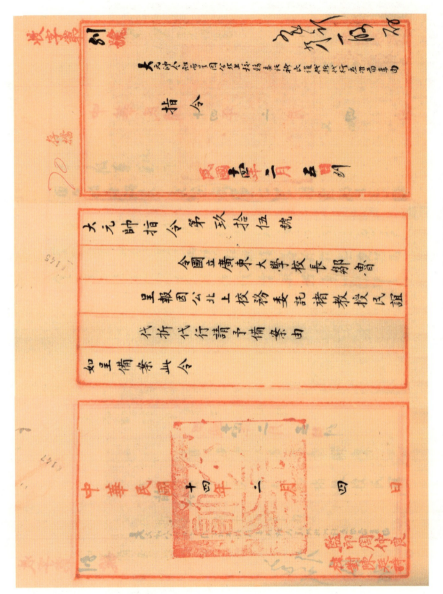

一九二五年二月四日大元帅指令

中山手创　巍巍上庠

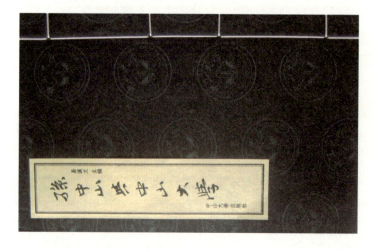

2005年线装礼品版

《孙中山与中山大学》（孙中山先生关于国立广东大学的大元帅令）书影

1999年版

# 第二章　更名继志

1925年3月12日上午9时30分，伟大的民主主义革命先行者、国立广东大学的创办人孙中山先生在北京铁狮子胡同11号寓所与世长辞。全国各地以各种方式悼念、纪念这位民主革命的先驱者。1925年3月24日，《广州民国日报》刊登了国民党党员黄行致国民党中央党部函《改广大为中山大学之提议》。孙中山先生的亲密战友廖仲恺先生在国民党第一届中央执行委员会第71次会议提议，将国立广东大学改名为国立中山大学列入议事议程。同年8月，国立广东大学第38次校务会议通过决议，将国立广东大学改名为国立中山大学。国民党第一届中央执行委员会第108次会议通过了改国立广东大学为国立中山大学的决议。1926年3月13日，国立广东大学第70次校务会议决定组织筹备中山大学委员会。同年6月9日，国民政府批准了中山大学筹备委员会组成人员。筹备委员会由褚民谊、蒋中正等四十人组成，林伯渠、孙科等三十人为特聘筹备员。1926年8月17日，国民政府发布命令，正式批准将国立广东大学改名为国立中山大学。

1926年11月5日，国民党中央执行委员会政治会议议决中山大学英文名为Sun Yat-sen University。

孙中山先生逝世后，全国各地出现了多所中山大学。为纪念中山先生，1927年8月，国民政府批准四所大学命名为中山大学。它们分别是：国立中山大学命名为国立第一中山大学，国立武昌大学命名为国立第二中山大学，杭州创办国立第三中山大学，南京以国立东南大学为基础创办国立第四中山大学。除了这四所国立中山大学外，还有河南中山大学、南昌中山大学、上海中山大学、安徽中山大学、兰州中山大学、西安中山大学等。

　　1928年初，国民政府大学院作出决定："将各地中山大学悉易以所在地之名，只留广州第一中山大学，以资纪念总理。"随后，国立第三中山大学改名为浙江大学，国立第四中山大学改名为江苏大学，后又改名为中央大学。国立第二中山大学停办，后复办时改名为国立武汉大学。

　　1950年9月9日，中央教育部批复中南军政委员会教育部：经政务院核定，公立学校概不加冠"国立"、"省立"、"县立"或"公立"字样。此后，中山大学的称谓一直沿用至今。

　　1929年9月23日，中国国民党第三十七次中央常会通过决议，在国立中山大学设立董事会，并通过了《董事会规程》。这是全国第一所成立董事会的国立大学。

　　以下选载国民政府秘书处、广东省政府、大学院、国民政府、江西省政府关于国立广东大学、国立中山大学更名的公函、批复原件、国民党第三十七次中央常会通过的国立中山大学《董事会规程》书影及首届董事会董事玉照。

# 第二章 更名继志

一九二六年八月二十一日国民政府秘书处公函

中山手创　巍巍上庠

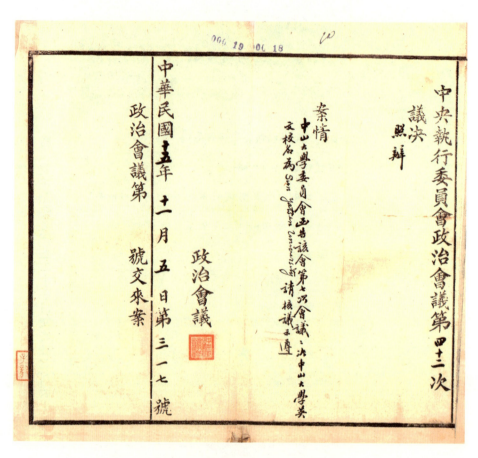

一九二六年十一月五日中央执行委员会政治会议议决中山大学英文校名公函

# 第二章 更名继志

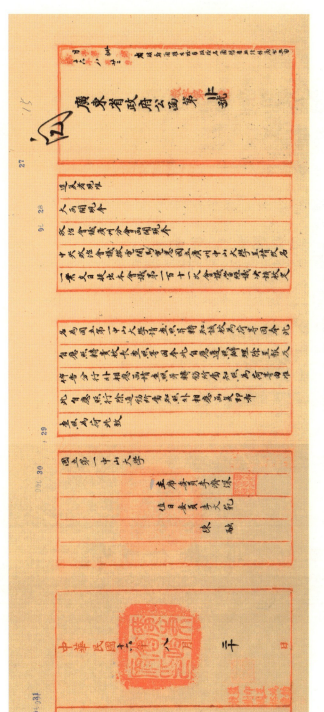

一九二七年八月二十日广东省政府公函

中山手创　巍巍上庠

## 国民政府秘书处公函

迳启者现奉

常务委员发下

贵校呈报遵照议决案将该校改名为国立第一

中山大学请备案呈二件奉

批备案并交教育行政委员会等因除分函外相应

函达

查照此致

国立第一中山大学校长戴

中华民国十六年八月 日

一九二七年八月二十四日国民政府秘书处公函

# 第二章 更名继志

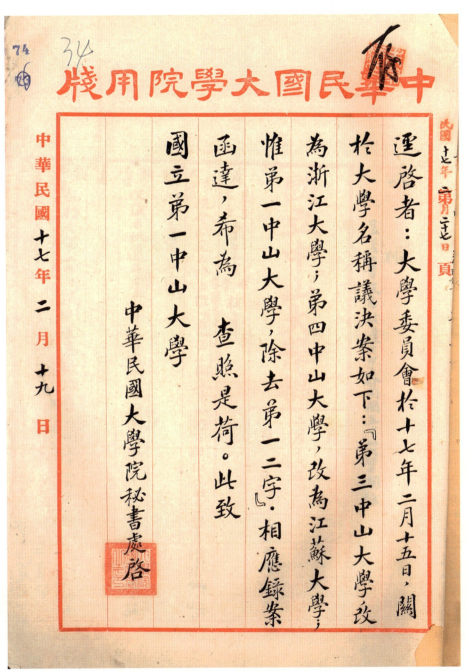

一九二八年二月十九日大学院秘书处函

一九二八年二月二十三日大学院指令

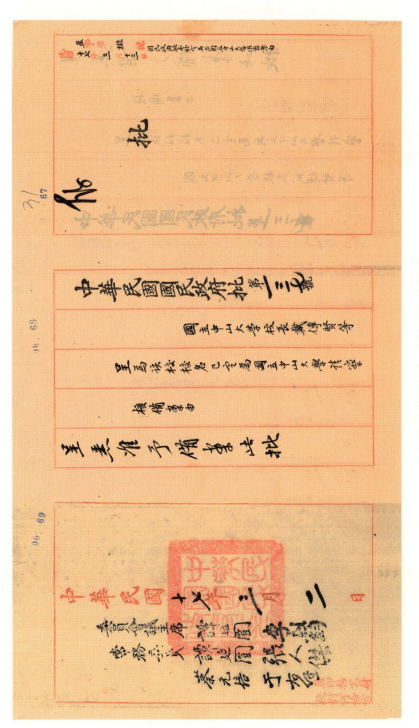

一九二八年三月二日国民政府批复函

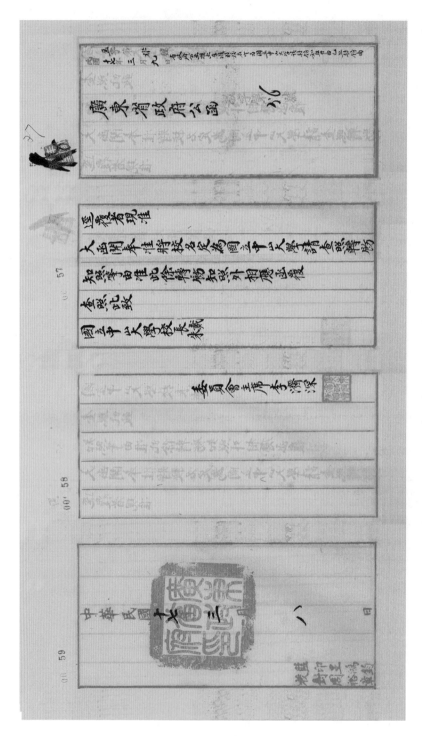

一九二八年三月八日广东省政府公函

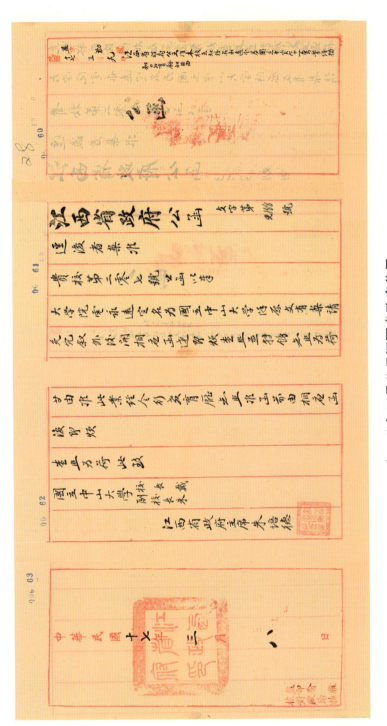

一九二八年三月八日江西省政府公函

中山手创　巍巍上庠

# 国立中山大学董事会

1929年9月23日,中国国民党第三十七次中央常会通过决议,在国立中山大学设立董事会,并通过了《董事会规程》。这是全国第一所成立董事会的国立大学。

第一届董事会成员:

蒋中正　胡汉民　谭延闿　宋子文　古应芬　孙　科　陈铭枢　朱家骅　戴传贤

戴传贤为主任董事,孙科、宋子文、陈铭枢为建筑董事。

1931年,国民党中央执监委员会非常会议改派胡汉民、古应芬、孙科、许崇清、汪精卫、邹鲁、戴传贤、陈铭枢、李文范为国立中山大学董事会成员。孙科任主任董事。

1932年,第三届董事会成员:

胡汉民、陈济棠、林翼中、萧佛成、林云陔、区芳浦、邓泽如、许崇清、邹鲁。林云陔为主任董事。

国立中山大学《董事会规程》共七条。

第二章　更名继志

# 董事會規程

（十八年九月二十三日第三十七次中央常會通過）

第一條　中山大學爲唯一紀念總理之學校與其他國立學校歷史性質均有不同，在本大學基本建設未完成而一般教育學術又尚在幼稚時期之今日，中國國民黨不能不盡力維護應由中央執行委員會選舉董事九人組織董事會擔負建設本校之任務其要款如下

第二條　董事任期三年但得連選連任。

第三條　於董事選出時由中央執行委員會指定主任董事一人其任期與董事同。

董事會之責任如下：

一、主持本校教育方針維持本校學風

二、建築校舍增置財產籌畫擴充設備

三、決定本校預算監查本校之財產及出納

四、決定本校一切章程規則及人員之名額俸額

五、決定各科系處部院場所及附屬學校主任之晉退

第四條　董事會之任務由主任董事負責實施之。

第五條　董事會每年開常會三次其時期如下：

一、暑假放假前後十日內。

二、秋季始業前後十日內。

三、塞假假期內。

第六條　董事會開會地點及日期由主任董事負責通知。

主任董事每年在暑假寒假期內必須到校二次每年二次合計至少須住校滿五十日。

第七條　董事會設秘書一人常川住校此外不另設辦事人。

国立中山大学《董事会规程》书影

中山手创　巍巍上庠

国立中山大学董事会首届董事（左起）蒋中正、胡汉民、谭延闿

国立中山大学董事会首届董事（左起）宋子文、古应芬、孙科

中山手创　巍巍上庠

国立中山大学董事会首届董事（左起）陈铭枢、朱家骅、戴传贤

# 第三章 穷流溯源

中山大学的前身国立广东大学由国立广东高等师范学校、广东公立法科大学、广东农业专门学校合并而成。1925年7月，经政府批准，广东公医医科大学并入，成为国立广东大学的医科。这些学校的渊源是怎样的呢？

## 国立广东高等师范学校

国立广东高等师范学校的渊源可以追溯到1684年创建的广州贡院。

广州贡院始创于清朝康熙二十三年（1684年），位于今日的文明路（即国立中山大学旧址），当时有号舍5000间，是广东、广西举行乡试的场所。道光元年（1821年）号舍增至7603间，后毁于战火。咸丰十一年（1861年），两广总督劳崇光重建，到同治六年（1867年），广州贡院的号舍已达11708间，规模宏大壮观，是清末四大贡院之一。广州贡院的号舍每数十间为一列，形如一条条长巷，每列用《千字文》编号。号舍内放置两块木板，一块做桌子，一块做凳子，休息时两块木板可并拢为床。应试者每人一间，入内即封号栅。由于考试分三场，故食宿在内，考完交卷才开。（附：中国封建社会科举考试图）

光绪十一年（1905年）废科举后，广州贡院改建为两广速成师范馆，1906年称两广优级师范学堂，1912年改名为广东高等师范学校，1923年11月改称国立广东高等师范学校。东文场改建为广东法政学堂。国立广东大学成立时，国立广东高等师范学校成为大学的文科和理科。

中山手创　巍巍上庠

广州贡院

广州贡院号舍

## 附：中国封建社会科举考试图

（易汉文绘）

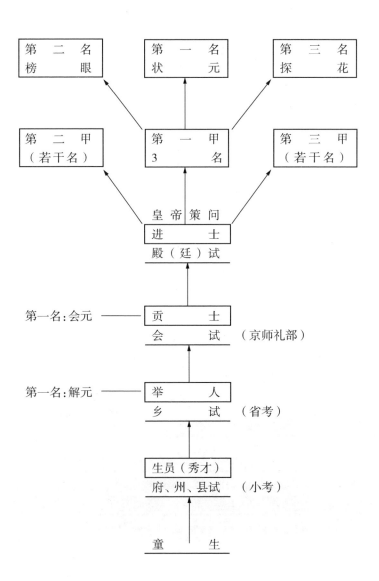

中山手创　巍巍上庠

# 广东公立法科大学

广东公立法科大学，最早可追溯到清朝初年的广州贡院。1902年起清朝政府推行"新政"，广东奏准设立课吏馆，广东课吏馆是在广州贡院东文场的基础上建成的。1905年11月，两广总督岑春煊与广东学使于式枚联合奏准将广东课吏馆改为广东法政学堂，由翰林院修撰夏同和担任监督（负责人），并在广东学署东偏号舍建学堂。1906年因学生增多，广东法政学堂在广州天官里后街（今法政路右巷一带）找到一块有十四亩多的官地修建学堂。1908年2月新校舍建成，广东法政学堂正式迁入，法政路也因广东法政学堂在此而得名。

1912年4月，广东法政学堂易名为广东公立法科专门学校，并改监督为校长，陈融为第一任校长。1923年8月，广东公立法政专门学校校长黎庆恩呈请时任广东省省长廖仲恺核准，将学校改组为广东公立法科大学，黎庆恩任代理校长。国立广东大学成立时，广东公立法科大学成为大学的法科。

广东大学法科，原为东文场（科举考场）故保留有"至公堂"匾

第三章 穷流溯源

# 广东农业专门学校

广东农业专门学校,是由广东全省农事试验场附设农业讲习所发展起来的。

1897年,光绪皇帝下诏书兴农学,命各省督抚劝谕绅民兴办农学堂。1903年,颁行《奏定实业学堂通则》和《奏定实业教员讲习所章程》。1908年,广东劝业道陈望曾道尹派刚从美国康乃尔大学学成回来的农学博士唐有恒负责规划筹建广东全省农事试验场及附设农业讲习所。10月成立筹办处,选定广州市东门外鸥村(今区庄)前面、犀牛尾右侧为场址暨讲习所址。课室、实验室、图书室、礼堂、膳堂等先后相继兴建。1909年7月,两广总督批准实验场和讲习所章程,并转咨清朝廷农工商部,10月获该部批复:"查所呈拟订试验场及附设讲习所各项章程本部详加核阅,均甚周妥,应即照准立案,相应咨复转饬,切实兴办可也。"

1910年初,农业讲习所招生,4月初正式开学。课程设有农业总论、土壤、稼穑、农具、虫害、养蚕法、培桑、植物学、动物学、气候学、畜牧学、农艺化学、物理学等。农业讲习所所长由试验场场长区柏年兼任。教师有留英归国的利寅、留日归国的关乾甫、陈颂硕等。刚开学不久,讲习所奉命改名为农业教员讲习所,场长兼所长由唐有恒担任。同年,农事试验场因增加林业试验项目,改名为广东全省农林试验场。1911年2月,农业教员讲习所更名为农林教员讲习所。1912年,农林教员讲习所改称高等农林讲习所。

1917年秋,高等农林讲习所改办为广东公立农业专门学校,校址仍在原讲习所,黄遵庚任第一任校长。1920年,邓植仪接任校长,聘请了欧华清、张天才、邝嵩龄、缪任衡、沈鹏飞、戴芳澜、黄国华、黄枯桐等专家学者到校任教。1922年底,农专师生要求将农专改为农业大学,1923年11月,广东省教育厅138号指令准予农专筹备改办大学。是年12月5日,广东农科大学筹备会成立,邓植仪任筹备长,另有十多位教授任筹备员。国立广东大学成立时,广东农业专门学校成为大学的农科。

广东大学农科

农科前身广东农林试验场附设农林讲习所

## 广东公医医科大学

国立广东大学成立时只有文科、法科、理科、农科,没有医科。1925年7月,广东公医医科大学并入,为国立广东大学医科。

广东公医医科大学创建于1909年,名曰广东公医学堂,初设校址在广州市西关十三甫。1910年迁至长堤,1915年改称广东公医医学专门学校。1916年冬在百子岗(即现在的中山二路中山大学北校区)建筑新校舍及附属医院,1918年落成,随后迁入。1924年8月,广东公医医学专门学校易名为广东公医医科大学。

医学院,后为原中山医科大学图书馆

中山手创　巍巍上庠

医学院附属第一医院，后为原中山医科大学办公楼。现为中山大学北校区和中山医学院办公楼

## 国立中山大学各学院名称沿革

| 名称\时间\学院 | 1924年 | 1926年 | 1929年 | 1931年 | 备 注 |
|---|---|---|---|---|---|
| 文学院 | 文科 | 文史科 | 文科 | 文学院 | |
| 法学院 | 法科 | 社会科学科 | 法律学科、政治经济学科 | 法学院 | |
| 理学院 | 理科 | 自然科学科 | 理科 | 理工学院 | 1934年7月称理学院 |
| 农学院 | 农科 | 农林科 | 农科 | 农学院 | |
| 医学院 | 1925年并入广大,医科 | 医科 | 医科 | 医学院 | 在百子路（今中山二路） |
| 工学院 | | | | | 1934年7月成立 |
| 研究院 | | | | | 1935年6月1日,教育部批准国立清华大学、国立北京大学、国立中山大学为第一批成立研究院的国立大学。1946年教育部下发文件,各大学取消研究院 |
| 师范学院 | | | | | 1938年成立 |

中山手创　巍巍上庠

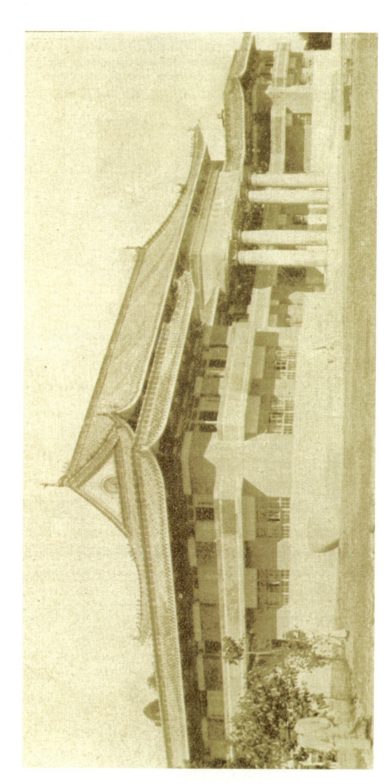

文学院

第三章 穷流溯源

法学院

中山手创　巍巍上庠

理学院化学教室

第三章 穷流溯源

农学院

中山手创　巍巍上庠

医学院（侧面）

## 第三章 穷流溯源

工学院化学工程学系教室

中山手创　巍巍上庠

研究院

# 第三章 穷流溯源

师范学院

# 岭南大学

1952年全国高等学校院系大调整，岭南大学被撤销。以中山大学文理科和原岭南大学文理科为主，还并入一些院校的相关学科，组成新的综合性的中山大学。岭南大学的前身是美国长老会广州布道团安德鲁·哈巴牧师于1888年创办的格致书院。1900—1912年称岭南学堂，1912—1918年称岭南学校，1918—1927年称岭南大学，1927—1952年称私立岭南大学。

岭南大学正门（北门、珠江边）

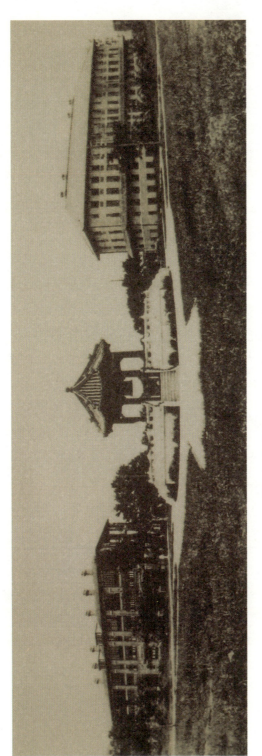

惺亭与马丁堂(左)、史达理堂(右)

中山手创　巍巍上庠

# 中山医科大学

中山医科大学最早可追溯至创办于1866年的博济医学堂，它是我国最早的西医学府。

1835年11月，美国传教士伯驾（Peter Parker）在广州十三行开设眼科医局，1859年改称"博济（Pok Tsai）医局"。1866年，博济医局搬迁并正式命名为"博济医院"，是中国第一所西医医院。是年，该院主持博济医学堂正式开办。1879年，博济医学堂改名为博济医院附设南华学堂。1904年改称南华医学校，1930年改称岭南大学医学院，1936年又改称孙逸仙博士纪念医学院，并合并了私立夏葛医学院。

1908年春，广东光华医学堂成立。后分别于1912年、1928年、1929年、1952年更名为私立广东光华医学专门学校、广东光华医科大学、私立广东光华医学院和公立广东光华医学院。

1909年春，广东公医学堂成立。1915年易名为广东公医医学专门学校，1924年改称广东公立医科大学，1925年并入国立广东大学，1926年随大学更名，成为国立中山大学医科，1931年改称国立中山大学医学院。

1952年全国院系调整，由中山大学医学院和岭南大学医学院组成华南医学院。1954年，广东光华医学院并入华南医学院。1956年9月，易名为广州医学院，1957年3月更名为中山医学院。1985年，改名为中山医科大学，中国改革开放的总设计师邓小平同志题写了校名。

2001年10月与中山大学合并组建新的中山大学，称中山大学北校区。

第三章 穷流溯源

中山医学院

中山医科大学

中山手创　巍巍上庠

# 全国高等学校院系大调整中的中山大学

经过25年的艰难建设，至1949年10月，中华人民共和国成立时，中山大学共设有7个学院（1935年6月1日，教育部批准国立清华大学、国立北京大学、国立中山大学为第一批成立研究院的国立大学。1946年教育部下发文件，各大学取消研究院）、33个系、3个专修科、13个研究所。它们分别如下：

文学院：中国文学系、中国语言学系、外国语言文学系、哲学系、历史学系、人类学系、国语专修科、中国语言文学研究所、历史学研究所。

法学院：法律系、政治学系、经济学系、社会学系、书记官专修科、监狱专修科、法学研究所。

理学院：数学系、天文学系、物理系、化学系、生物学系、地质学系、地理学系、天文台、两广地质调查所、植物学研究所。

工学院：土木工程系、化学工程系、电机工程系、机械工程系、建筑工程系。

农学院：农学系、森林系、农业化学系、蚕丝学系、农业经济系、畜牧兽医系、农艺学系、园艺学系、病虫害学系、稻作试验场、土壤研究所。

师范学院：教育系、体育系、教育研究所。

医学院：不设系。病理学研究所、解剖学研究所、生理学研究所、细菌学研究所、药物学研究所。

1951年7月，中山大学有教授180名，副教授63名，讲师49名。

1952年，全国高等学校院系大调整开始。2月，广东省广州地区高等学校院系调整工作委员会成立。中山大学院系调整筹备委员会主任为许崇清，副主任为冯乃超、陈序经，委员有王越、姜立夫、王力等11人。筹备会下分教务组、总务组、房舍分配组和房舍修建委员会。各组召集人分别是王越、谢建弘、冯乃超和陈序经。

中山大学第一次院系调整具体情况如下：

一、中山大学的工学院、农学院、医学院、师范学院整体调出，与岭南大学、华南联合大学等院校的有关系学科合并，分别成立华南工学院、华南农学院、华南医学院、华南师范学院。

二、中山大学天文系师生调至南京大学、地质系师生调至中南矿冶学院、哲学系师生调至北京大学、人类学系师生调至中央民族学院。

三、以中山大学文理科和岭南大学文理科为基础，华南联合大学、华南师范学院、广东法商学院、广东工业专科学校部分系科并入，组成新的综合性中山大学。校址也从石牌迁入康乐园原岭南大学校园。1952年10月21日，仅用1天时间就搬迁到康乐园。

第一次院系调整后新中山大学设有中文、语言、外文、历史、数学、物理、化学、生物、地理、财政、金融、会计、贸易、企业管理、政治、法律、社会、经济等18个系，俄文、会计、金融、企业管理等4个专修科，中国语言文学、历史、植物3个研究所。1952年7月，中山大学有教授155名，副教授57名，讲师52名。

1953年9月，中南地区高校院系调整正式开始，中山大学的具体调整情况是：

一、将中山大学的政法、财经类学科师生分别调至武汉大学、中南财经学院、中南政法学院。

二、武汉大学、湖南大学、广西大学、南昌大学、华中高等师范等高校有关学科师生调入中山大学。

第二次院系调整后，中山大学只设有中国语言文学系、中国语言学系、外国语言文学系、历史学系、数学系、物理学系、化学系、生物学系、地理学系等9个系。至1954年5月，中山大学有教授105名，副教授44名，讲师58名。

1954年夏，教育部决定将中山大学语言学系师生调至北京大学。至此，中山大学的院系调整仅剩8个系。

中山大学为中国高等教育的发展作出了重要贡献。

中山手创　巍巍上庠

# 今日中山大学

中山大学是由孙中山先生亲手创立，有着一百多年办学传统的综合性重点大学。今日的中山大学，由1952年院系调整后分设的中山大学和中山医科大学合并组建而成。

2001年10月22日国务院批准，教育部决定中山大学、中山医科大学合并组建新的中山大学。10月26日举行"中山大学、中山医科大学合并组建新的中山大学大会"，实现强强联合。成为一所包括人文科学、社会科学、自然科学、技术科学、工学、医学、药学、经济学和管理学等在内的综合性大学。

中山大学现有4个校区，总面积达6.17平方千米，分别座落在珠江之畔、南海之滨。广州南校区占地1.17平方千米，北校区占地0.39平方千米，广州东校区占地1.13平方千米，珠海校区占地3.48平方千米。

学校设有42个学院和5个直属系。另设有5所综合性医院、3家附属专科医院。

学校现有119个本科专业，2012学年初，在校博士研究生4783人，硕士研究生11943人，在职攻读硕士学位研究生3712人，普通本科生32387人，来自港、澳、台地区的在校学生1090人，在校留学生1671人。

学科门类齐全，现有42个博士学位授权一级学科，52个硕士学位授权一级学科，专业学位授权领域44个，博士后科研流动站39个。学校现有2个一级学科国家重点学科、23个二级学科国家重点学科、6个二级学科国家重点（培育）学科，以及37个广东省重点学科，其中20个攀峰重点学科、17个优势重点学科。

学校拥有4个国家重点实验室，2个国家专业实验室，5个国家地方联合工程实验室；10个教育部重点实验室以及4个教育部工程研究中心；3个卫生部重点实验室以及1个卫生部工程技术研究中心，26个广东省重点实验室，6个广东省工程技术研究开发中心，8个广东省工程实验室。6个教育部人文社会科学重点研究基地，8个广东省人文社会科学重点研究基地，1个国家汉办重点基地，1个广州市人文社会科学重点研究基地、1个珠海市人文社会科学重点研究基地，2个其他部委研究基地，已覆盖了部、省、市三级文科重点研究基地。

学校共有教职工13683人，其中博士生导师1181人，具有正高职称的有1460人，具有副高职称的有2611人。目前有中国科学院院士11人（含双聘）、中国工程院院士2人（含双聘），国家级教学名师9人，国家级有突出贡献的中青年专家15人，国家杰出青年科学基金获得者65人，教育部"长江学者"特聘教授26人，"长江学者"讲座教授15人，马克思主义理论研究和建设工程教育部重点教材编写课题组第一首席专家3人，国家人事部"百千万人才工程"第一、二层次人选26人，19人入选教育部"跨世纪优秀人才培养计划"，179人入选教育部"新世纪优秀人才支持计划"，卫生部突出贡献专家24人，霍英东青年教师基金获得者15人、霍英东青年教师奖获得者18人。

学校图书馆总建筑面积11万余平方米，拥有正式出版书籍478.8万册、电子图书数字资源量8729 GB。学校校园网覆盖4个校区，网络信息点数为74213个。

中山手创　巍巍上庠

中山大学广州南校区校园图

第三章　穷流溯源

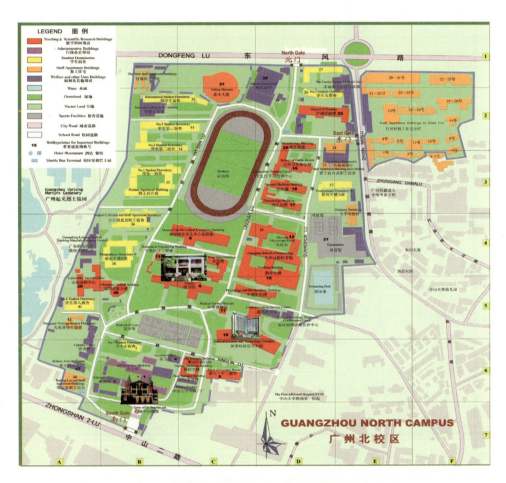

中山大学广州北校区校园图

中山手创　巍巍上庠

中山大学珠海校区校园图

第三章 穷流溯源

中山大学广州东校区校园图

中山手创　巍巍上庠

# 中山大学沿革图
（易汉文绘）

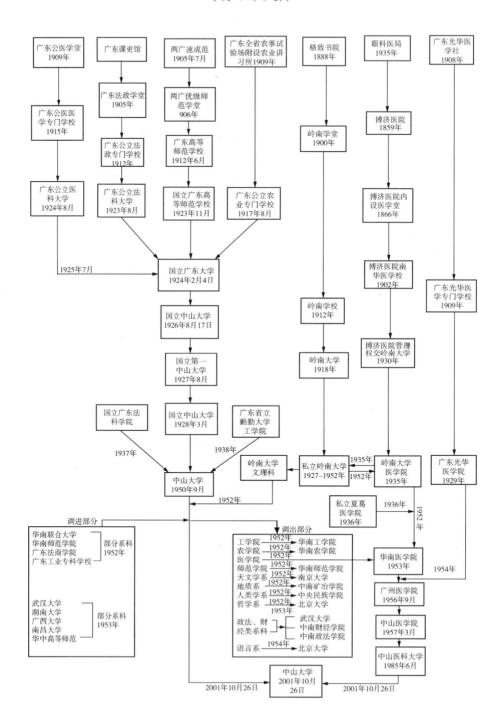

# 第四章　往事影踪

孙中山先生曾多次到国立广东大学（含其前身国立广东高等师范学校）文明路校园、黄埔军校进行革命活动与演讲。两次到康乐园岭南大学（含其前身岭南学堂）视察并发表演讲。博济医学堂是中山先生开始学医和早期从事革命活动的地方。

以下照片是中山先生在上述地方活动的照片或人文景观。

中山手创　巍巍上庠

在国立广东大学校园

国立中山大学（国立广东大学、国立广东高等师范学校）文明路校园校门

第四章　往事影踪

文明路校园

中山手创　巍巍上庠

国立广东大学校园内的大钟楼与东西讲堂

第四章 往事影踪

大钟楼是国立广东大学的标志性建筑，一层为大礼堂

中山手创　巍巍上庠

大钟楼一层大礼堂。1924年1月20～30日，孙中山先生在这里主持召开国民党第一次全国代表大会。1～8月，孙中山先生曾在这里多次演讲新三民主义

第四章 往事影踪

孙中山先生在国民党第一次全国代表大会上发表演说

中山手创　巍巍上庠

国民党"一大"会场

第四章 往事影踪

孙中山先生（左二）与代表步出"国民党一大"会场

中山手创　巍巍上庠

1924年1~8月，孙中山先生多次到国立广东大学（国立广东高等师范学校）礼堂系统演讲三民主义。图为孙先生在演讲。

## 在黄埔军校

1924年11月3日,孙中山先生北上前夕在这里举行告别演说,雇船把国立广东大学的师生接到黄埔,和黄埔军校师生一起听他的演讲。孙中山先生一开始就说:"诸君今天在这地听讲的,有文学生,又有武学生。""文学生"是指国立广东大学学生,"武学生"是指黄埔军校学生

中山手创　巍巍上庠

1924年11月3日，孙中山先生北上前夕在黄埔军校给国立广东大学及黄埔军校师生作告别演说。这是中山先生与军校师生合影。前左五为国立广东大学校长邹鲁、左六为胡汉民、左八为孙中山、前右四为蒋中正

## 在康乐园

1923年12月21日，孙中山先生和夫人宋庆龄到康乐园岭南大学视察，并在怀士堂作长篇演讲，勉励青年学生："立志，是要做大事，不可要做大官。"图为怀士堂

中山手创　巍巍上庠

1923年12月21日，孙中山先生和夫人宋庆龄视察岭南大学，受到师生的热烈欢迎

1923年12月21日,孙中山先生和夫人宋庆龄视察岭南大学,图为他们在康乐园的合影

中山手创　巍巍上庠

康乐园内马丁堂。1912年5月7日，孙中山先生到康乐园访问岭南学堂，并在这里作《非学问无以建设》的演讲

第四章 往事影踪

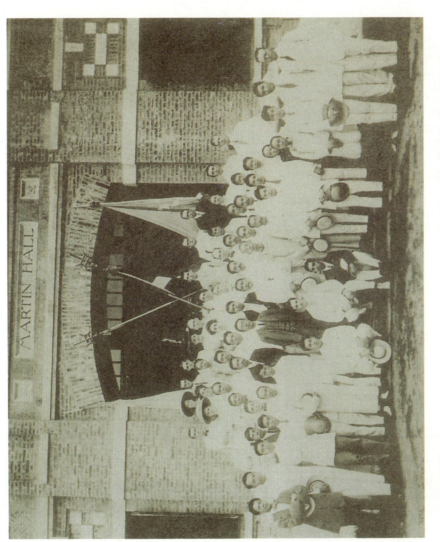

1912年5月7日,孙中山先生在康乐园马丁堂前与岭南学堂教职员工合影

中山手创　巍巍上庠

1912年5月7日，孙中山先生在康乐园马丁堂前与岭南学堂师生员工合影（局部）

第四章 往事影踪

## 在博济医学堂

1865 年博济医院承办西医班

中山手创　巍巍上庠

1886 年孙中山先生学医时的照片

第四章 往事影踪

1886年孙中山先生在博济医院医学堂学医的地方

中山手创　巍巍上庠

1935年揭幕的孙逸仙博士开始学医并从事革命运动策源地纪念碑

# 第五章　恒久纪念

中山先生逝世后,中山大学在校园奉置了孙中山先生的铜像、矗立中山先生亲笔题写的校训等,永远纪念这位伟大的民主主义革命先驱者。继承发扬中山先生的革命精神,为真理而奋斗,为科学而奋斗,为创新而奋斗,为培养德、智、体、美全面发展的高素质人才而奋斗,为全人类的进步、文明、和平、幸福而奋斗。

下面介绍的是纪念中山先生的人文景观、文化标志、学校关防、国立中山大学及前身学校毕业文凭、20 世纪 70 年代至今的校庆纪念章等。

中山手创　巍巍上庠

## 悼念中山先生逝世

1925年3月12日孙中山先生在北京逝世，噩耗传来，国立广东大学师生员工无比悲痛，在操场上设立灵堂，沉痛悼念孙中山先生

第五章 恒久纪念

## 安放在中山陵中山大学师生敬献的宝鼎

南京中山陵，安放着中山大学师生敬献的宝鼎

中山手创　巍巍上庠

南京中山陵，安放着中山大学师生敬献的宝鼎（局部）

## 孙中山先生铜像

在南京中山陵孙中山纪念馆前、黄埔军校旧址、中山大学、澳门国父纪念馆分别矗立着一尊孙中山先生身穿西服、左手叉腰、右手前伸、站在讲坛上，面向民众讲述其主义的铜像。这4尊铜像均为日本实业家梅屋庄吉先生赠送。

1895年1月，孙中山与梅屋庄吉先生在香港首次见面，他们一见如故，约定赞助孙中山先生的革命事业。自与孙中山先生结为知交以来，历经30年，梅屋庄吉先生把援助孙中山的革命事业作为他人生的主要内容和精神支柱。1925年3月12日，孙中山先生与世长辞，梅屋庄先生吉悲痛万分，决定铸造孙中山铜像，宣传孙中山先生的丰功伟绩。

铸造孙中山铜像工程于1928年初开始。梅屋庄吉聘请日本著名的雕刻家牧田祥哉设计、雕刻，由日本第一流的铜像铸造业筱原雕金店主筱原金作铸造。

第一尊孙中山铜像铸成后，梅屋庄吉先生决定亲自护送铜像到中国。1929年2月8日，梅屋庄吉偕夫人德子、女儿千势子及随员护铜像乘"伏贝丸"由神户启航。3月4日晨抵达上海港，南京国民政府要员到上海港迎接孙中山铜像并欢迎梅屋庄吉先生一行。10月14日，南京军官学校举行孙中山铜像揭幕典礼，梅屋庄吉先生应邀出席并致词。这尊铜像几经辗转，于1983年移至中山陵孙中山纪念馆前。梅屋庄吉来华时，还携带了100尊50厘米高的孙中山半身铜像，分赠给孙中山先生的亲朋好友。

第二尊孙中山铜像由梅屋庄吉夫人德子护送于1930年5月3日抵达上海，22日梅屋庄吉先生乘"凉州号"海轮护送铜像离开上海，28日抵达广州。31日黄埔军校召开欢迎大会。不久，黄埔军校将铜像奉置于高达40米的基座上，景象十分壮观。这尊铜像经历了八十多年的风风雨雨，现仍矗立在黄埔军校旧址。

第三、四尊孙中山铜像，由梅屋庄吉先生乘"白山丸"于1930年12月29护送抵上海。1931年1月10日，梅屋庄吉先生和夫人德子乘中国"靖安号"军舰护送铜像抵广州，受到广东各界和中山大学师生的欢迎。这两尊铜像，一尊赠送给孙中山先生亲手创办的中山大学，一尊赠送给孙中山先生的故乡中山县（抗日战争时期移至澳门国父纪念馆）。

1931年1月14日，中山大学师生到天字码头迎接孙中山铜像，运至石牌农场暂置。

1933年11月11日，国立中山大学建校9周年，在石牌举行孙中山铜像揭幕暨新校奠基典礼。

1934年6月，中山大学何思敬教授前往日本，带去了校长邹鲁致梅屋庄吉先生的亲笔信。信的全文如下：

梅屋先生大鉴：

数年不见，系念为劳，想同之也。

先生所赠中山大学之总理孙中山先生铜像，去岁中大九周年纪念时业经开幕。同时并照孙先生计划建筑石牌新校舍，本年暑假可落成一部，秋季可将农工法三学院迁进。兹因何教授思敬赴日之便，送上各种相片、拓字，请为察收是荷。

手此顺颂

近祺

                          弟  邹鲁启

                    民国廿三年五月十八日

何思敬教授拜访梅屋庄吉先生时，梅屋庄吉先生向何教授透露：准备再铸3尊铜像，分别立于北平、武昌、上海。然而"9·18事变"后，中日关系急剧恶化，梅屋庄吉先生因与中国关系密切而受到日本军国主义分子的围攻，处境艰难。加上年老多病，力不从心，这一计划未能实现。

中山大学的这尊孙中山铜像，广州市人民政府于1954年借去奉置在中山纪念堂广场上。

1956年11月12日,孙中山先生诞辰90周年,中山大学建校32周年,在康乐园举行孙中山铜像基座奠基,基座有许崇清校长撰写的碑记。1958年,孙中山铜像迎回康乐园。

为弘扬中山先生的革命精神,中山大学分别在2000年、2012年复制了这尊中山先生铜像奉置于珠海校区和广州东校区。

孙中山先生为培养革命的政治、科学、文化建设人才创办了中山大学。中山先生铜像奉置于繁花似锦、芳草如茵的校园内,中山先生的革命精神将永远鼓舞中山大学师生为祖国的繁荣富强、民族的伟大振兴、人民的幸福安康努力奋斗!

中山手创　巍巍上庠

孙中山（中）1914年11月17日在东京与梅屋庄吉夫妇合影

第五章 恒久纪念

孙中山先生和夫人宋庆龄（右）1916年4月24日在东京与梅屋庄吉夫人德子合影

中山手创　巍巍上庠

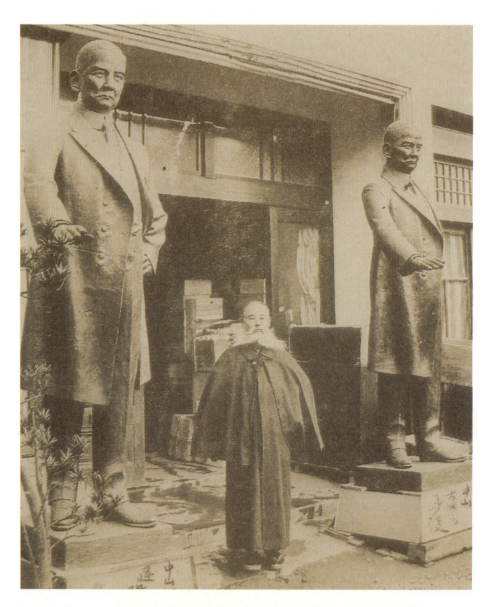

1931年1月，梅屋庄吉先生与赠送给中山大学和中山县的两尊孙中山铜像合影

第五章 恒久纪念

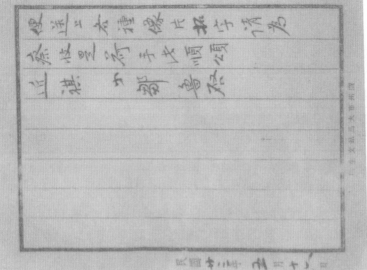

1934年5月邹鲁校长致梅屋庄吉信书影

中山手创　巍巍上庠

原奉置于中山大学石牌校园的孙中山先生铜像

第五章　恒久纪念

奉置于中山大学校园（康乐园）中心区的孙中山先生铜像

中山手创　巍巍上庠

1986年11月12日，奉置于中山大学北校区（原中山医科大学）办公楼前的孙中山先生学医时的铜像。时任中共中央政治局委员、全国政协主席邓颖超题写了"孙中山学医纪念像"镌刻在基座上。此楼是国立中山大学医学院附属第一医院。后是原中山医办公楼。现为中山大学北校区和中山医学院办公楼

# 第五章 恒久纪念

2000年复制、奉置于中山大学珠海校区的孙中山先生铜像

中山手创　巍巍上庠

2012年复制、奉置于中山大学东校区的孙中山先生铜像

## 孙中山铜像碑文

### 康乐园孙中山铜像碑文

此铜像为中山先生故友日人梅屋庄吉所赠，一九三三年冬奉置于我校石牌旧址，一九五四年春广州人民政府借置于中山纪念堂，一九五六年十一月十二日复由我校迎置于此（编著者注：实际是1958年才迎回康乐园）。中山大学校长许崇清谨记

### 北校区孙中山铜像碑文

中国民主革命伟大先驱孙中山先生（一八六六——一九二五）、名文、字德明、号逸仙、嗣号中山。广东香山县（今中山市）翠亨村人。一八八六年入广州博济医院附属南华医学校（今中山医科大学所属孙逸仙纪念医院）学医。翌年转学香港雅丽医院（今拿打素

医院）附设西医书院。一八九二年毕业，行医澳门、广州，医术精湛，医德高尚。时值国家积弱，列强侵凌，先生以医人医国为己任，期使民族独立，民权自由，民生幸福，领导辛亥革命，推翻封建帝制，建立共和民国。为改造中国，振兴中华，殚精竭力，奋斗不息，丰功伟绩，世人景仰。兹值先生诞辰一百二十周年之际，得海内外校友热诚赞助，建成先生青年时期学医铜像，永志纪念。

中山医科大学孙中山学医纪念像筹建委员会
一九八六年十一月十二日　陈瑞元书

### 珠海校区孙中山铜像碑文

中山铜像为先生故友日人梅屋庄吉所赠。一九三三年冬，奉置于我校石牌旧址，后院系调整，遂于一九五六年冬（编著者注：实际是1958年）迎置于康乐园，二〇〇〇年秋，珠海校区落成。蒙池田大作先生赠款复制原样。今事竣，乃延置于此。中山大学立二〇〇〇年校庆日

### 东校区孙中山铜像碑文

本校孙中山铜像原为先生故友日人梅屋庄吉所赠。一九三三年冬奉置于我校石牌旧址，后院系调整，遂于一九五六年冬（编著者注：实际是1958年）迎置于康乐园。二〇一二年秋，东校区落成。蒙马万祺先生赠款复制原样。今事竣，乃延置于此。中山大学立二〇一二年校庆日

## 关防

国立广东大学关防书影

国立广东大学筹备主任关防书影

# 第五章 恒久纪念

国立中山大学校务委员会关防书影

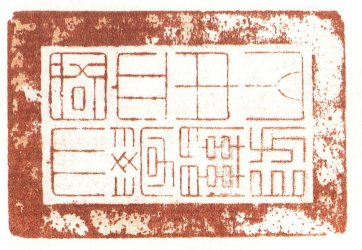

国立中山大学关防书影

中山手创　巍巍上庠

20世纪50年代初期中山大学印章书影

## 校园内矗立的校训

孙中山先生亲笔题写的中山大学校训，竖立在康乐园怀士堂南草坪上

第五章 恒久纪念

1934年中山大学邹鲁校长手书的校训石碑立于中山大学石牌校园（今华南理工大学）

中山手创　巍巍上庠

中山大学校徽

中山大学的校徽，以孙中山先生曾主持召开国民党第一次全国代表大会、多次在这里演讲新三民主义的大钟楼为主体

中山大学现行校徽

第五章　恒久纪念

中山大学 70 周年（1994 年）校庆徽章之一（教师校章）

中山大学 70 周年（1994 年）校庆徽章之二（学生校章）

中山手创　巍巍上庠

中山大学70周年（1994年）校庆徽章之三（校友校章）

20世纪90年代初以前教师校章

20世纪90年代初以前学生校章

第五章　恒久纪念

20 世纪 70 年代以前教师校章

20 世纪 70 年代以前学生校章

中山手创　巍巍上庠

国立广东大学学生证章

# 第五章　恒久纪念

国立中山大学教职员校章背面

国立中山大学教职员校章

中山手创　巍巍上庠

国立中山大学学生证章正面、背面

第五章 恒久纪念

# 中山大学校歌

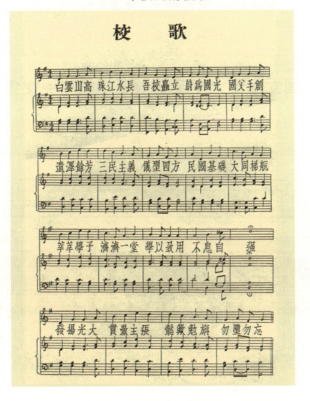

1926 年使用的校歌

国立中山大学校歌

中山手创　巍巍上庠

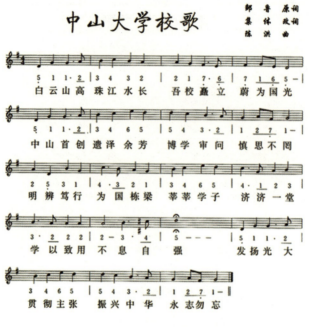

1994年开始使用的校歌

## 国立中山大学及其前身学校毕业文凭

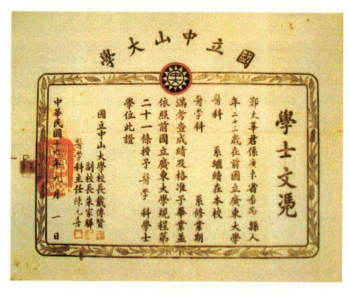

1927年9月1日国立中山大学学士文凭

第五章 恒久纪念

1924年12月国立广东大学附设师范毕业证书

清末两广优级师范学堂毕业文凭

## 国家邮政局发行的纪念邮票

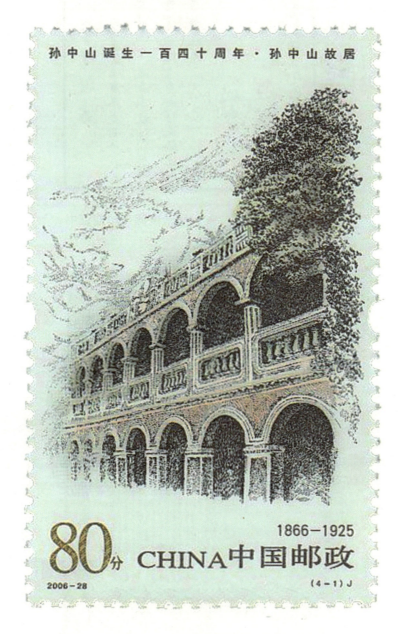

2006年11月12日，国家邮政局发行了《孙中山诞生140周年》纪念邮票，一套4枚。邮票之一：孙中山故居

第五章 恒久纪念

邮票之二：中山陵

中山手创　巍巍上庠

邮票之三：中山纪念堂

第五章　恒久纪念

邮票之四：中山大学怀士堂。1923年12月21日孙中山先生在这里作长篇演讲

中山手创　巍巍上庠

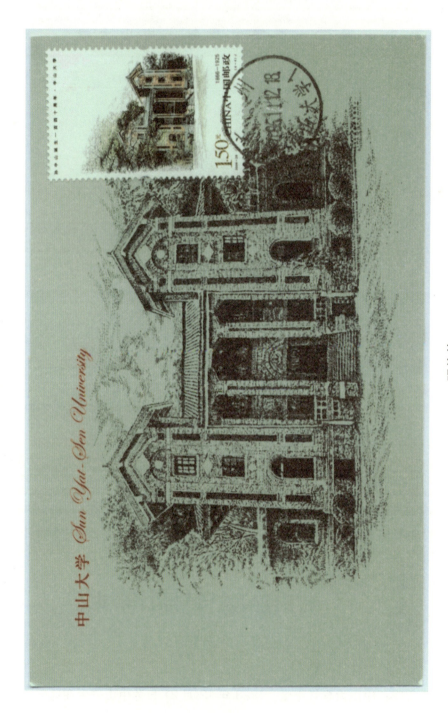

明信片

第五章 恒久纪念

首日封

## 中山大学制作的校庆纪念章

中山大学80周年（2004年）校庆徽章之一（金黄色）

中山大学80周年（2004年）校庆徽章之二（银白色）

第五章 恒久纪念

中山大学校庆 70 周年（1994 年）学校制作的中山先生肖像纪念章

中山大学校庆 60 周年（1984 年）纪念徽章

中山手创　巍巍上庠

中山大学校庆 55 周年（1979 年）中山先生肖像徽章之一

中山大学校庆 55 周年（1979 年）中山先生肖像徽章之二

# 主要参考书目

［1］易汉文．孙中山与中山大学［M］．广州：中山大学出版社，2005．

［2］陈汝筑，易汉文．巍巍中山［M］．广州：中山大学出版社，2004．

［3］易汉文．钟灵毓秀．广州：中山大学出版社，2004．

［4］易汉文．中山大学编年史［M］．广州：中山大学出版社，2005．

［5］易汉文．源远流长．内部资料，2004．

［6］易汉文．学府珍影．内部资料，2005．

［7］李穗梅．孙中山与帅府名人［M］．广州：广东科技出版社，2011．

［8］李穗梅．后辛亥时代的孙中山与广州［M］．广州：广东科技出版社，2011．

［9］李穗梅．帅府文物话辛亥［M］．广州：广东科技出版社，2011．

中山手创　巍巍上庠

# 后　　记

本书初稿完成于 2008 年 10 月，在纪念孙中山先生创办中山大学 90 周年华诞之际，终于和读者见面了。这本书虽然是我们三个人编著的，但很多领导和同志为它付出了心血和辛劳。可以这么说，没有领导的关心、支持、帮助和大家的付出，就没有本书的出版。

感谢校党委副书记李萍教授的关爱、支持与帮助，没有她的支持与帮助，本书的出版是不可能的。

感谢校长办公室主任陈望南博士。陈主任拨冗两度审阅书稿，写出许多详细、宝贵的修订意见，并为我们提供了珠海校区和东校区孙中山铜像的碑文。

感谢孙中山先生创办中山大学 90 周年纪念丛书出版小组将本书列为该丛书之一。

感谢校党委宣传部邱国新部长、谢俊洁同志为本书的出版做了大量沟通、联络等工作。

感谢校党委办公室张东惠副主任、校长办公室王铮副主任以及刘妍同志的关心、支持和帮助。

感谢中山大学出版社领导及本书的编校人员等，牺牲个人休息时间，始终热情、高效地为本书的出版不懈努力。

由于编著者学识、能力、水平所限，难免错漏盈篇，敬请专家学者、各位同好、广大读者不吝赐教。

编著者

二〇一四年十一月六日